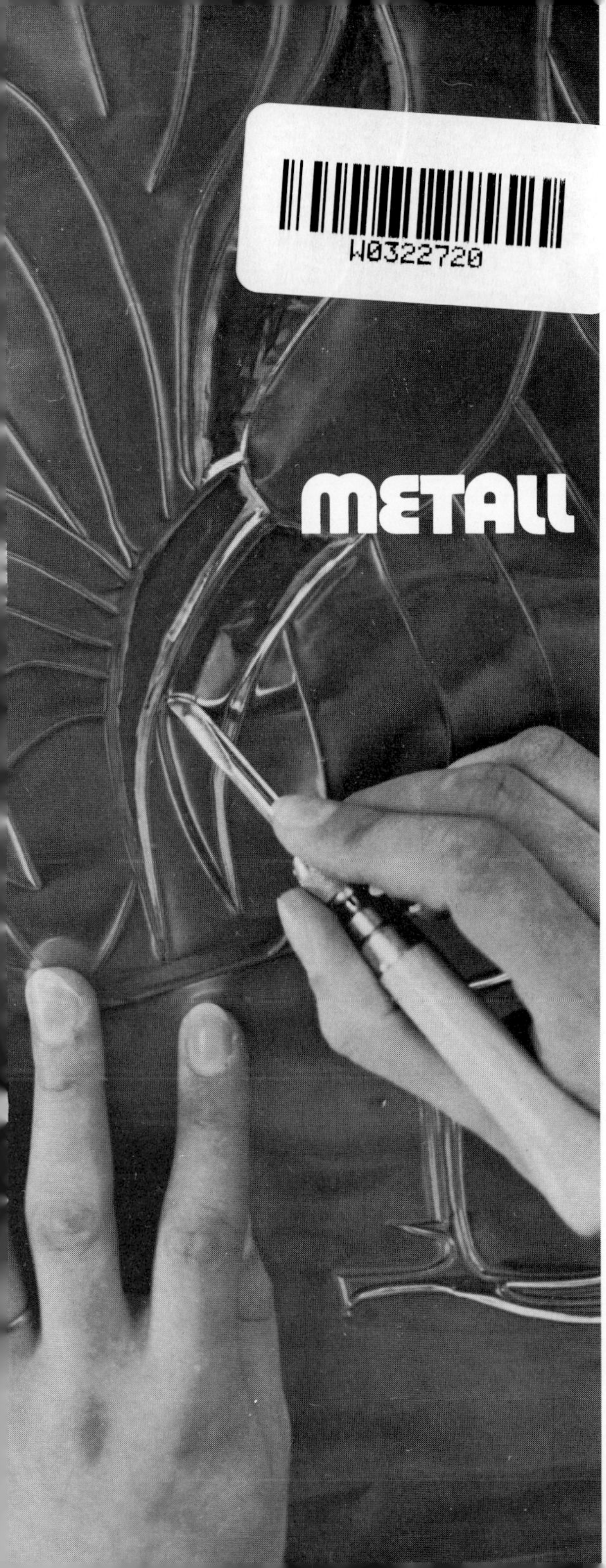

Maria
Neumann-Leiminger

METALL DRÜCKEN

ISBN 3-7724-0253-4 · Best.-Nr. 548

Auflage: 13. 12. 11. 10. 9. | Letzte Zahlen
Jahr: 1990 89 87 86 | maßgebend

frech-verlag
GmbH+Co. Druck KG Stuttgart
Druck: Frech, Stuttgart

Die abgebildeten Arbeiten entstanden z.T. im Unterricht an der Volksschule oder in Kursen der Verfasserin. (S. 44, Sebastian Brunner, Dietenheim.)

Kupfer – das edelste Metall für unser Hobby

Kupfer ist eines der ältesten bekannten Metalle. Funde in ägyptischen Gräbern zeigen, daß man schon zur Zeit der Pharaonen Schmuck aus gehämmerten Kupferstreifen kannte. Die älteste bekannte Reliquie aus gehämmertem Kupfer stammt sogar aus der Zeit um 4000 v. Chr. Die Sumerer kannten schon 3100 v. Chr. das Schmelzen des Kupfers; im Gegensatz zu den Ureinwohnern Amerikas, die bis zur Entdeckung durch Columbus Kupfer lediglich hämmerten.

Die Verwendung von Kupfer und einfachen Legierungen leitete den Übergang vom Steinzeitalter zum Zeitalter der Metalle ein.

Kupfer eignet sich vortrefflich für eine manuelle Bearbeitung: es ist weich, dehnbar, geschmeidig, fest, es läßt sich leicht hämmern und gravieren. Die bildenden Künstler erkannten dies schon im Altertum. Ebenfalls schon sehr früh (im 15. Jahrhundert) entwickelte sich aus dem Kupferstich das Tiefdruckverfahren.

Auch das Metalldrücken, so wie wir es heute wieder als Hobby pflegen, ist eine alte Technik mit einer beachtlichen Tradition im Kunstgewerbe. Heute spielt es vor allem in der Raumgestaltung eine besondere Rolle.

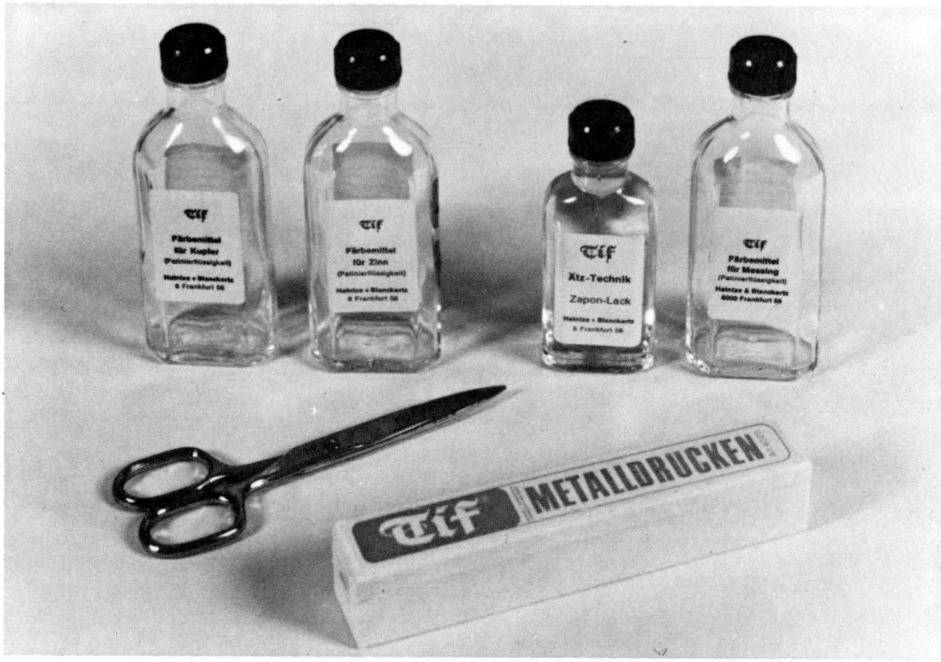
Tif
Färbemittel
für Kupfer
Tif
Färbemittel
für Zinn
Tif
Ätz-Technik
Zapon-Lack
Tif
Färbemittel
für Messing
Tif
METALLDRUCKEN

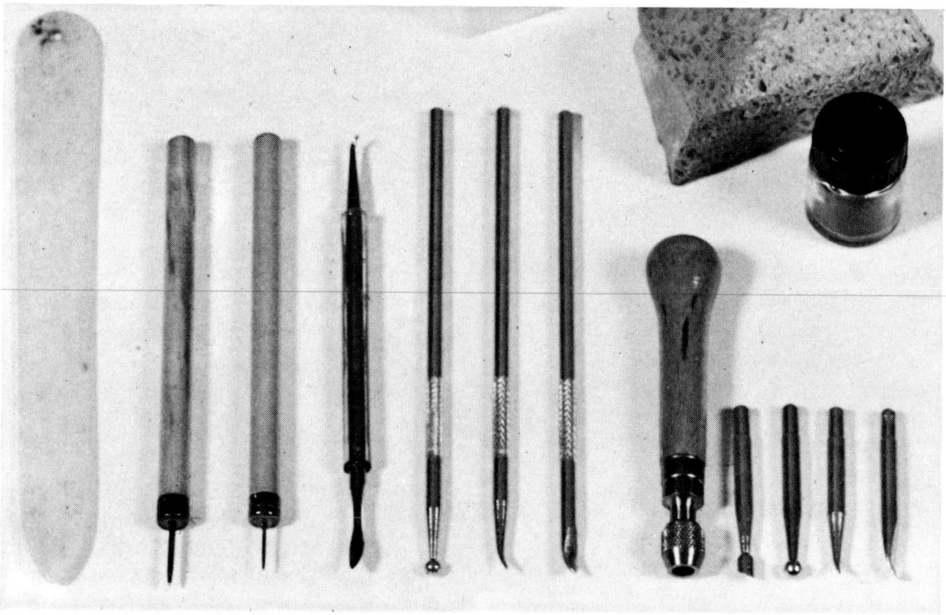

Diese Werkzeuge und Materialien sollten Sie haben

Die Werkzeuge führt der Fachhandel unter der Bezeichnung „Metalldrückwerkzeuge" oder „Runer".
Wer sich behelfen will, kann zum Drücken der Linien einen leergeschriebenen Kugelschreiber verwenden. Für größere Flächen tut es auch ein ausgedientes Manikürwerkzeug; es muß jedoch eine breite und leicht gerundete, glatte Fläche haben. Ein sicheres Arbeiten gewähren die besonders für das Metalldrücken geschaffenen Werkzeuge, die der Fachhandel führt.
Zum Entwerfen brauchen wir die üblichen Zeichengeräte: Bleistift, Lineal, Winkel, Maßstab, Zirkel. Verschieden große runde Gegenstände, die man auf dem Blech direkt umfahren kann, sind zuweilen hilfreich.
Zum Schneiden des Bleches verwenden wir eine alte Schere. Beim Aufkleben eignet sich ein Falzbein zum kräftigen Andrücken der glatten Flächen an die Unterlage.
Zum Metalldrücken braucht man keinen besonderen Raum. Ein Tisch ist selbstverständlich, fließendes Wasser in der Nähe ist erwünscht.
Beim Patinieren des Kupfers riecht es nicht angenehm. Gute Durchlüftung schafft aber rasch Abhilfe. Zum Drücken brauchen wir eine weiche Unterlage. Dafür eignen sich Zeitungen. Bei der Weiterverarbeitung verwenden wir sie als Schutz für unseren Tisch. Der Fachhandel bietet auch Gummiplatten als Unterlage an.
Hilfsmaterial: Eine Schürze ist empfehlenswert. Gummihandschuhe können vor Klebstoff und Lack schützen, aber es geht auch ohne sie.
Einige weiche Lappen werden bereitgelegt. Wir brauchen sie zum Abstauben und zum Zaponieren.
Zum Auftragen des Patiniermittels (Schwefelleber) verwenden wir einen kleinen Schwamm.

Wird ein Holzgegenstand mit Metallblech verziert, muß das sichtbar bleibende Holz gebeizt werden.
Beize- und Patiniermittel werden jeweils in Gläsern mit Schraubverschluß angerührt und aufbewahrt. In jedem Haushalt gibt es genug leere und fast luftdicht verschließbare Konfitürengläser, die sich gut dafür eignen.
Zum Aufkleben des Bleches auf die Unterlage erwies sich eine große Dose Pattex als besonders wirtschaftlich. Den Klebstoff tragen wir mit einem kurzborstigen Pinsel auf. Bei kleineren Arbeiten genügt das Auftragen aus der Tube; auf glatte Flächen mit dem dazugehörigen Zahnspachtel.

Das sollten Sie über das Material und die Hilfsmittel wissen

Das Material zum Drücken. Stärken bis 0,06 mm werden als Folie bezeichnet, darüber hinausgehende Stärken sind Bänder oder Bleche. Diese unterschiedliche Bezeichnung sagt nichts aus über die Qualität des Materials. Wichtig ist, daß es weich ist, d. h. tiefziehfähig. Bei unbekanntem Material sollten Sie unbedingt testen, wie tief es sich drücken läßt.

Kupfer wird in den Stärken 0,1 mm und 0,08 mm angeboten. Soll ein höheres Relief entstehen, empfiehlt es sich, das Kupferblech in der Stärke 0,1 zu verwenden.

Zinn ist ebenfalls in den Stärken 0,1 mm und 0,08 mm lieferbar.

Aluminium eignet sich für das Metalldrücken nur, wenn es stärker als 0,08 mm ist.

Messing in 0,1 mm Stärke ist im Format DIN A 4 und in Rollenware 600 mm breit zu haben.

Schwefelleber zum Patinieren von reinem Kupfer ist in Form gelblicher Steine erhältlich. Ist keine Lösungsvorschrift beigegeben, so mag als Rezept gelten: 25 g Schwefelleber und 1 Liter heißes Wasser. Mit dieser Lösung kann kalt gefärbt werden. Eine konzentrierte Lösung ergibt einen dunkleren Ton, neigt aber u. U. zum Abblättern. Im Fachhandel ist auch gebrauchsfertige Patinierflüssigkeit erhältlich.

Färbemittel für Zinn (Patinierflüssigkeit). **Färbemittel für Messing** (Patinierflüssigkeit).

Haushaltsstahlwolle: Nr. 00 oder auch Nr. 000. Je feiner die Stahlwolle, umso weniger Kratzer gibt es auf dem Metall. Stahlwolle ist die billigste Art, das durch Schwefelleber patinierte Kupfer an den erhabenen Stellen abzureiben. Im Fachhandel gibt es einen Spezial-Radiergummi, der mit feinen Stahlspänen durchsetzt ist (Putzfix).

Metallschutzlack wird nur bei Kupfer, Zinn und Messing verwendet. Aluminium bedarf keines Schutzes, da es nicht anläuft.

Beize: „Eiche dunkel“ paßt gut zur Farbe des bearbeiteten Kupfers; für die anderen Metalle gibt es eine breite Skala von harmonierenden Beizen. Die Holzbeizen sind kalt in Wasser löslich und sofort nach dem Auflösen verwendbar. Die Gebrauchsanweisung auf der Rückseite des Beutels sollte man beachten.

Füllmittel: Bewährt haben sich die Fugenfüllmasse Moltofil und der Holzleim Ponal. Zu empfehlen ist auch die Spachtelmasse von Lingner & Fischer.

Pattex ist ein Kontaktkleber. Er wird mit einem Zahnspachtel oder mit einem kurzborstigen Pinsel aufgetragen. Pinsel nach Gebrauch mit Pattex-Verdünner reinigen.

Bevor man sich an größere Arbeiten wagt, sollte man sich an solchen kleinen Gegenständen mit der Technik und dem Material vertraut machen, wie z. B.:

- Briefkarte
- Zündholzschachtel
- Spandöschen
- Becher
- Gläseruntersetzer
- Korken
- Brieföffner
- Flaschenöffner
- Erinnerungsklammer.

Sind Sie mit der Technik vertraut, können Sie sich größeren und anspruchsvolleren Gegenständen zuwenden:

Alles für die Handtasche:

Taschenspiegel | Zigarettenetui | Fotoetui
Taschenascher | Notizblock | Puderdose | Pillendose

Individuelle Schmuckstücke:

Broschen in allen Formen (ähnlich den Kupferrohlingen zum Emaillieren)
Ketten und Anhänger | Ohrclips | Gürtelschließen
Fingerringe | Armbänder

Raumschmuck:

Vasen
Kerzenständer
Tischgedeck für Salz und Senf
Serviettenhalter und -ringe
Mobile
gut verarbeitete Holzkästchen

Spiegel, rund und viereckig
Kleiderbügel
Hülle für Kaminstreichhölzer
Blumenübertöpfe
Türgriffe
Tür- und Hausschilder
Wandbilder, Städtebilder, Wappen usw.

Auf den nächsten Seiten sind Arbeiten abgebildet, die vor allem zeigen sollen, welche Motive durch Metalldrücken wiedergegeben werden können. Es sind dabei alle Schwierigkeitsgrade vertreten. Keinesfalls sollen die in diesem Buch gezeigten Entwürfe einfach nachgebildet werden. Wer so vorgehen würde, hätte schnell den Spaß an dieser Technik verloren. Andererseits brauchen wir alle immer wieder Anregungen, die sich zu eigenen Arbeiten weiterentwickeln lassen.

Der gute Entwurf – wie kommt man dazu?

Fangen wir klein an, denn es ist noch kein Meister vom Himmel gefallen. Ihre erste Begegnung mit der Technik soll ganz zwanglos sein. Deshalb empfehle ich Ihnen: nehmen Sie zunächst ein kleines Stückchen Blech, und probieren Sie erst einmal den Umgang mit dem Werkzeug.
Diese Streichholzschachteln waren die ersten Versuche einer 9. Klasse.

Hier zwei typische Beispiele mit Arbeitsablauf:

a) **Freihändiger Entwurf:** Das Werkzeug (Runer oder leergeschriebener Kugelschreiber) gleitet einfach in geschwungenen Linien über das Blech. Der Rand wird durch Strichlieren (hier sogar freihändig, ohne Lineal) tiefgedrückt.
Nach dem Prinzip: erhabene und tiefliegenden Flächen wechseln sich ab – drücken Sie nun von der Vorderseite aus einige Flächen tief (auf der Skizze schwarz).
b) **Geometrischer Entwurf:** Hier wird mit Lineal und einem runden Gegenstand (Geldstück) entworfen. Die erste Arbeit ist das Abgrenzen des Randes und das Tiefdrücken desselben durch Strichlieren (der Rand kann auch mit lauter XXXXX tiefgedrückt werden, wie es der neben abgebildete Ausschnitt der Schmuckschatulle zeigt).
Mit Hilfe des runden Gegenstandes werden fünf Kreise in den Innenraum gedrückt. Das ist der ganze Entwurf!
Blech umdrehen und auf der Rückseite alle Linien (beidseitig) nachfahren, dann alle Flächen tiefdrücken (ebenfalls von der Rückseite).

Der gleiche Entwurf kommt ganz anders zur Wirkung, wenn nicht alle Flächen nach der gleichen Richtung gedrückt werden, sondern ein Wechsel zwischen erhabenen und tiefliegenden Flächen erfolgt. Probieren Sie's aus!

Entwurf ohne Vorlage (freihändig – aus dem Kopf)

Die metallisch glänzende Fläche regt die Kreativität an und viele entwerfen direkt „frisch drauflos" auf dem Blech. Ich mache es auch so. Hier ist es ratsam, einen weichen Bleistift zu verwenden, besonders bei größeren Motiven (z. B. Bild oder Kassette). Ein Entwurf mit dem Filzstift verwischt sehr leicht!
Gleich zu Anfang sollten Sie sich klar darüber werden, ob der Entwurf freihändiger oder geometrischer Art werden soll. Für geometrische Motive bieten sich drei grundsätzliche Aufbaumöglichkeiten an:

Die Borte, die ihren Schwerpunkt in der Mitte oder an den beiden gleichgearteten Rändern haben kann (große Schmuckschatulle).
Läuft die Borte um die Ecke, kann die Eckbildung zum Blickfang werden.

Das Flächenmuster kann durch Aneinanderreihen von Borten und Einzelmotiven entstehen. Abwechslung erzielt man, wenn man die Musterelemente nicht immer direkt untereinander bzw. nebeneinander setzt, sondern versetzt untereinander – evtl. mit unterschiedlicher Höhe.

Das Einzelmotiv kann eine gegenständliche Darstellung oder ein Ornament sein (rund oder mit beliebiger Zahl von Ecken: Mobile, Puderdose, Fotoetui). Auf jeden Fall handelt es sich um einen in sich abgeschlossenen Entwurf, der auf die vorgegebene Form (Schachtel, Spandose) abgestimmt sein sollte.

Was immer gut wirkt:
Schwerpunkt setzen: eine bestimmte Stelle am Entwurf wird auffällig gestaltet (Schwerpunkt kann sein: eine Ecke, der Mittelpunkt – bei gegenständlichen Entwürfen ein Körperteil z. B. der Schwanz beim Hahn, das Auge beim Fisch usw.). Kontraste – große neben kleinen Flächen, gerade Linien mit geschwungenen abwechseln, glatte Flächen gemusterten gegenüberstellen.

Entwurf nach Vorlage (selbst gezeichnet oder gekauft)

Wer den Entwurf vorher in allen Details festlegen will, zeichnet auf Papier und überträgt danach auf das Blech. Für alle aber, die sich noch keine eigene Zeichnung zutrauen, und erst einmal sehen wollen, welche Motive sich eignen, gibt es im Bastelgeschäft eine Fülle von Vorlagen. Sie sind in verschiedenen Größen erhältlich. Es sind vorwiegend gegenständliche Darstellungen: Schiffe, Oldtimer, Fische, usw. Es gibt aber auch abstrakte Motive, die man individuell deuten kann. Man versuche, sich in den fremden Entwurf hineinzudenken, ihn da und dort dem eigenen Geschmack und Gefühl entsprechend abzuändern, um dazu eine eigene Beziehung zu gewinnen.

Selbst beim Übertragen läßt sich noch manches ändern. Die Zeichnung wird auf das Metallblech gelegt. Bei entsprechender Größe empfiehlt sich das Befestigen mit Klebefilm. Dann wird jede Linie sorgfältig nachgezogen.

Der Entwurf besteht nur aus feinen Linien, doch jeder leichte Druck mit dem Runer ist auf dem glatt polierten Blech deutlich sichtbar. Überprüfen Sie vorher jeden Strich, denn eine spätere Korrektur ist kaum möglich.

Ist der Entwurf auf das Blech übertragen, werden alle Linien kräftig nachgezogen. Dazu nehmen wir das dafür vorgesehene Werkzeug: den schmalen Runer oder das abgebogene dünne Ende des Werkzeugs. Mehr darüber später.

Entwurf nach einer Fotografie

Einen Kompromiß zwischen den beiden vorgestellten Möglichkeiten des Entwerfens stellt die Übertragung eines Fotos auf das Blech dar. Hier bietet sich ein ungeahnter Reichtum von Motiven an, zu denen Sie auch eine persönliche Beziehung haben, z. B. ein Foto aus dem Urlaub, vom Elternhaus oder von einem Familienmitglied. Dieses Foto vergrößern Sie auf das gewünschte Bildformat, legen ein Transparentpapier darüber und zeichnen die Umrißlinien durch.

Der zweite Arbeitsgang wäre das Schattieren, so daß die Zeichnung ein körperhaftes Aussehen erhält. Dazu eignet sich wieder der weiche Bleistift. Dieser Entwurf wird, wie bereits beschrieben, auf das Blech übertragen.

Zuschneiden des Blechs

Wenn Sie ein Motiv ausgewählt haben und das Format festliegt, wird das Blech zugeschnitten: bei kleinen Gegenständen gleich groß, bei großen und da wo ein stark betontes Relief erzielt werden soll, lassen wir das Blech ringsum bis zu 3 mm größer.

Bei Wandbildern gibt man an allen Seiten 3–4 cm Blech dazu, damit die Brettkanten umkleidet werden können.

So wird gedrückt

Nun entsteht durch das Metalldrücken „Ihr Kunstwerk". Es sind zwei Arbeitsgänge:

1. Das Reliefdrücken, bei dem hohe und tiefe Stellen erzeugt werden.

2. Das Mustern der beim Metalldrücken entstandenen Felder.

Ob die Linien der Zeichnung auf der Vorderseite erhaben stehen oder ob sie vertieft sein sollen, können Sie frei entscheiden. Wählen Sie die erhabenen Linien (siehe großer Mittelturm der Basiliuskathedrale in Moskau), werden die Linien von der Rückseite her gedrückt – für die vertieften Linien (siehe Zwiebeltürme) drücken Sie die Linien von der Vorderseite her.

Der nächste Arbeitsschritt ist das Reliefdrücken der Linien. Jeweils auf der Gegenseite zum ersten Metalldrücken werden die Linien neben der Entwurfslinie mit dem Runer oder mit dem Kugelschreiber nachgefahren und so deutlicher herausgearbeitet; Linien innerhalb der Figur auf beiden Seiten, die Umfassungslinie innerhalb der Entwurfslinie.

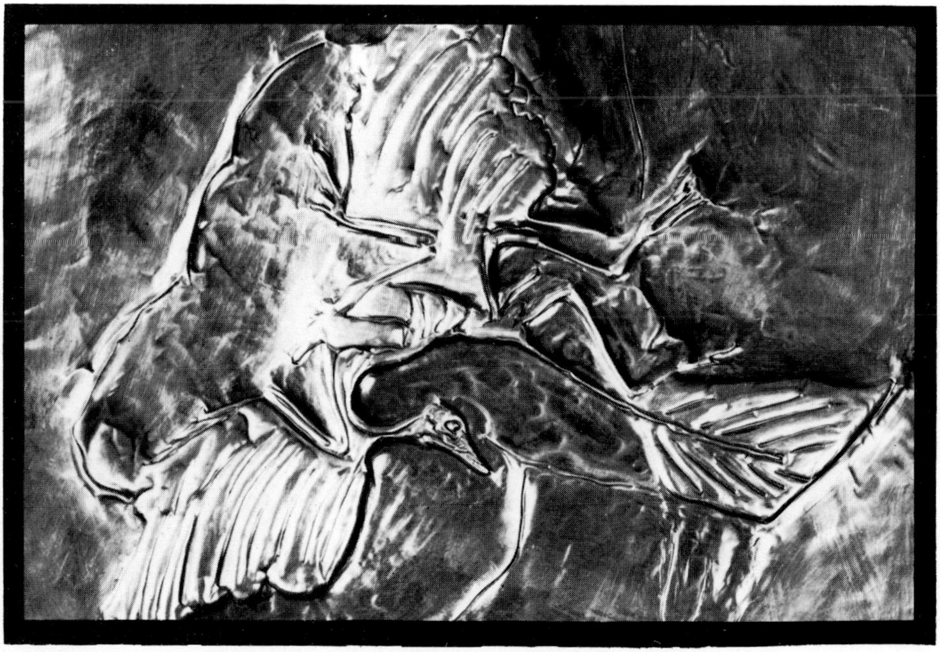

Das klingt alles etwas schwierig – wenn Sie aber einen Blechrest nehmen und einige Versuche machen, sehen Sie schnell klarer. Beim nächsten Arbeitsschritt drücken Sie die Flächen plastisch heraus: erhaben oder vertieft, wie es Ihr Entwurf erfordert. Dazu verwenden Sie ein breites Werkzeug und eine ganz weiche Unterlage. Ein besonders ausgeprägtes Relief erhalten Sie durch wechselweises Drücken auf der Vorder- und der Rückseite. Wie weit Sie dabei gehen können, hängt von der Dehnbarkeit des Blechs ab. Entsprechende Versuche sind unerläßlich, weil die Tiefziehfähigkeit der verschiedenen Bleche sehr unterschiedlich ist.

Nach dem Drücken können bei ornamentalen Entwürfen die Flächen gemustert werden. Da dies nur bei tiefgedrückten Flächen möglich ist, wird eine auf der Vorderseite erhabene Fläche von hinten gemustert.

Tiefdrücken und mustern läßt sich in einem Arbeitsgang ausführen, wenn Sie die Tif-Runer oder den Kugelschreiber für Punkte verwenden. Man drückt und mustert damit gleichzeitig die Fläche tief. (Beispiel Mittelfeld der vorher gezeigten Briefkassette.)

Man kann mit entsprechenden Werkzeugen strichlieren, schraffieren, punktieren, karieren usw. Die Briefkarten zeigen eine kleine Auswahl aus der Vielzahl der Mustermöglichkeiten.

Linien oder Flächen, die durch das Drücken Knicke oder Falten bekommen haben, sollten vor dem Ausfüllen nocheinmal bearbeitet werden. Nach dem Ausgießen können auch auf der Vorderseite noch kleine Retuschen gemacht werden: mit dem schmalen Runer seitlich angedrückte Linien erscheinen deutlicher – zu streng ausgefallene Linien können mit dem flachen Werkzeug zurückgedrückt werden.

Mustern des Randes

Der Rand muß nicht mit einem geraden Strich abschließen, sollte aber zum leichteren Aufkleben gleichmäßig tiefgedrückt sein (Beispiel Schmuckkassette). Wo möglich, ist ein Umbördeln des Randes um die Trägerplatte anzustreben.

Metalldrückarbeiten farbig gestalten

Vertiefungen können mit Beschichtungsharz (Zweikomponenten-Kunststoff, viele Farbtöne durch Mischen erzielbar, transparent oder opak) ausgefüllt werden. Man kann auch beim Drücken den Platz für einen Rohling aussparen, der nach dem Emaillieren mit Stabilit eingeklebt wird. Vor dem Hintergießen einkleben, damit ein etwaiges Verziehen beim Emaillieren ausgeglichen werden kann.

Hintergießen

Bei einem ausgeprägten Relief müssen die Vertiefungen auf der Rückseite ausgefüllt werden. Gut geeignet hierzu ist Fugenfüllmasse Moltofil.
Wenn beim Anrühren Ponal zugesetzt wird, trocknet die Masse schneller und ohne Risse. Eine bessere Verbindung der Füllmasse mit dem Blech können Sie dadurch erzielen, daß Sie die Vertiefungen auf dem Blech vor dem Ausfüllen mit Pattex bestreichen.
Ein haltbares Aufkleben Ihrer Arbeit ist nur möglich, wenn die Rückseite vollständig plan ist. Der zum Kleben übliche Kontaktkleber (Pattex) gleicht keine Unebenheiten aus. Deshalb die Vertiefungen sorgfältig ausfüllen und nach dem Trocknen glattschleifen.

Die fertige Drückarbeit wird auf die Unterlage geklebt

Rückseite des Blechs und Spanplatte werden dünn mit Pattex bestrichen. Dieses läßt man antrocknen, bis der Zeigefinger beim Daraufupfen gerade noch etwas klebt, aber kein Klebstoff daran haften bleibt. Dann erst wird das Blech vorsichtig auf die Spanplatte gelegt und angedrückt. Dabei ist besonders auf die gern hochstehenden Ränder zu achten. Es wird so lange angedrückt, bis der Rand fest auf der Spanplatte liegt.

Große, glatte Flächen „zerknittern" leicht beim Aufkleben, doch dies kann bei manchem Motiv ein zusätzlicher Reiz sein.

Wünscht man jedoch einen glatten Hintergrund, drücken wir die glatte Fläche mit einem Falzbein fest an. Ein glatter Hintergrund wirkt besonders gut bei Städtebildern und bei allen geometrischen Motiven. Ein unruhiger Hintergrund lenkt zu sehr vom Motiv ab. Bei vorwiegend figürlichen Darstellungen kann ein strukturierter Hintergrund die Wirkung des Motivs noch erhöhen.

Das Original dieses Kaufmannszuges ist 130 cm lang und 50 cm hoch; der Arbeitsaufwand betrug ca. 20 Stunden.

Die Kupferdrückarbeit wird patiniert

Nach dem Aufkleben wird die Vorderseite des Kupferblechs patiniert. Zuvor testen wir die Konzentration der tags zuvor angesetzten Schwefelleberlösung: ein schmaler Streifen Kupferblech wird kurz in die Lösung getaucht. Wird er schlagartig schwarz, sollte noch mit etwas Wasser verdünnt werden. Die Konzentration der Lösung ist dann richtig, wenn sich die Färbung des Streifens von Sekunde zu Sekunde verändert: von rötlich-braun bis blaugrau und schwarz.

Hier vollzieht sich ein chemischer Vorgang: durch das Auftragen der Schwefelleber oxydiert das Kupfer und der Schwefel verbindet sich mit Sauerstoff. Dabei verfärbt sich das Kupfer und es beginnt nach Schwefel zu riechen.

Löst sich wenig später die Oxydschicht beim Trocknen wieder ab, war die Schwefelleberlösung zu stark.

Die Lösung wird mit einem kleinen Schwamm (tropffrei ausdrücken!) auf der Vorderseite mit kleinen kreisenden Bewegungen aufgetragen.

Diese Oxydschicht läßt man an der Luft 3 bis 5 Minuten trocknen. Bei zu raschem Trocknen, z. B. zu nahe an einer Hitzequelle, schillert das Kupfer nachher in verschiedenen Blautönen.

Es ist ratsam, mehrere geprägte Kupferbleche gleichzeitig zu patinieren. Bis dann das letzte Blech patiniert ist, trocknet das erste Blech und kann bereits weiter verarbeitet werden.

Weil die Patinierung auf einer Oxydation des Kupfers beruht, ist diese Art der Färbung nur bei echtem Kupferblech möglich. Andere Bleche reagieren auf die Schwefelleber-Lösung nicht.

Fettfreie Hände

Wo immer Sie das Blech mit fettigen Fingern berühren, läßt es sich nicht mehr patinieren. Solche Stellen werden beim Patinieren sofort sichtbar. Man reinigt sie mit Spiritus oder mit Spülmittelwasser. Vor dem Arbeiten am Blech also Hände gründlich waschen.

Die erhabenen Stellen werden abgerieben

Die Oxydschicht wird an den erhabenen Stellen nach dem Patinieren mit Haushaltsstahlwolle (Nr. 00) mit kleinen kreisenden Bewegungen abgerieben. Dadurch wird auf den Höhen des Reliefs das Kupfer wieder blank, allerdings erscheint es etwas bräunlicher als zuvor.

Es wird so lange gerieben, bis überall ein gleichmäßig schöner Kontrast entsteht zwischen den tiefliegenden patinierten und den hochliegenden glänzenden Stellen.

Das Relief wird von dem Staub gereinigt, der durch das Abreiben entstand.

Mit einem weichen Lappen wird das ganze Blech so lange abgewischt, bis der Lappen fast sauber bleibt und die erhabenen Stellen ihren vollen Glanz zeigen.

Zaponieren schützt das Relief

Zaponlack ist ein Nitrozelluloselack, mit dem wir das hochgedrückte Blech hauchdünn und farblos überziehen. Wir schützen das Kupfer dadurch vor einer weiteren Oxydation.

Dazu nehmen wir einen weichen frischen Lappen, geben einige Tropfen Zaponlack darauf und verteilen sie kreisend.

Nach 3 bis 5 Minuten ist dieser dünne Schutzfilm trocken. Achtung: Verwenden Sie dazu keinen Schwamm; der Zaponlack würde ihn auflösen.

Wenn Sie eine glänzende Oberfläche wünschen, können Sie Klarlack aus der Sprühdose verwenden oder den Zaponlack zweimal auftragen.

Die Reihenfolge: Aufkleben, Färben, Zaponieren ist meist nur bei Wandbildern möglich. Wird auf einen fertigen Gegenstand aufgeklebt oder auf Karton, müssen alle Arbeitsgänge vorher erledigt werden.

Das Metalldrücken mit Zinnblech

Die Drücktechnik ist die gleiche wie beim Kupferdrücken (siehe S. 39–42). Jedoch sollte berücksichtigt werden, daß Zinnblech wesentlich weicher und tiefziehfähiger ist als Kupferblech – der Vorteil ist, daß das Drücken leichter geht. Als Nachteil allerdings muß angeführt werden, daß Zinnblech viel schneller durchbricht – und bereits gedrückte Stellen können durch Unachtsamkeit leicht durchgedrückt werden.

Zum Patinieren des aufgezogenen Zinnbildes verwendet man ein spezielles Färbemittel für Zinn.

Dieser Vorgang kann beliebig oft wiederholt werden, je nachdem wie stark der Hell-Dunkel-Kontrast erscheinen soll. Nach dem Antrocknen des Färbemittels wird mit sehr feiner Stahlwolle (Nr. 000) vorsichtig abgerieben, dann der Staub gründlich entfernt – zum Schluß wird auch das Zinnbild zaponiert.

Das Metalldrücken mit Aluminiumblech

Auf dem fertig gedrückten Bild Graphitstaub verteilen, mit schwarzem Zaponlack bestreichen; nicht trocknen lassen, sondern gleich mit Stahlwolle an den erhabenen Stellen abreiben.

Zum Schluß Klar-Zaponlack darüber!

„Chinesischer Drache“
Hier soll am gleichen Motiv gezeigt werden, wie unterschiedlich die beiden Materialien Kupfer und Zinn wirken können. Obwohl Zinnblech sehr weich und gut zu drücken ist, arbeitet man hier erheblich länger am Glätten der gedrückten Flächen als z. B. bei dem Kupferblech. Es wäre also ratsam, die ersten Versuche und das erste Wandbild in Kupferblech zu arbeiten. Soll das Bild zu einem bestimmten Wohnstil passen, wäre ebenfalls zu überlegen, ob der rotbraune Kupferton oder der silbergraue Zinnton besser in die Wohnatmosphäre paßt.
Beide Materialien als Bilder unmittelbar nebeneinander harmonieren farblich nicht besonders gut.

Blättern Sie einmal aufmerksam in einem Lexikon und Sie werden Vorlagen wie diese und andere finden. Die entsprechende Größe bekommen Sie, wenn Sie die Vorlage vergrößern (siehe S. 37).

Wandbild „Hahn“

Anhand der Arbeitsfotos auf den folgenden Seiten soll die Entstehung eines Wandbildes zusammenfassend erläutert werden. Diese Technik ist für die meisten Motive verwendbar, selbstverständlich mit Abwandlungen, die das jeweilige Motiv erfordert.

Mit Hilfe eines Quadratnetzes lassen sich eigene oder fremde Vorlagen vergrößern oder verkleinern. Unser Entwurf wird mit Klebefilm auf der Vorderseite des Bleches befestigt, damit er beim Nachzeichnen nicht verrutscht. Für das Übertragen gibt es ein Spezialwerkzeug – ein leergeschriebener Kugelschreiber tut es für den Anfang auch. Vom Übertrag sind nur leichte Spuren zu sehen, diese werden nach dem Entfernen der Papiervorlage auf einer weichen Unterlage kräftig nachgefahren.

Das sollten Sie beachten:

Es gibt kein Motiv, dessen Linien nur von **einer** Seite nachgezogen werden können; z. B. müssen die Krallen beim Hahn von der Rückseite gedrückt werden. Das bedeutet für den Arbeitsablauf:

1. Leichtes Aufzeichnen unter Verwendung der Vorlage – nur feine Linien sind sichtbar!
2. Alle Entwurfslinien des Hahns, mit Ausnahme der Krallen, werden auf der Vorderseite kräftig nachgezogen.
3. Blech umdrehen. Auf der Rückseite sind die leichten Entwurfslinien der Krallen auch sichtbar. Sie werden auf dieser Seite kräftig nachgezogen. So erscheinen sie auf der Vorderseite als erhabene Linien = Krallen.

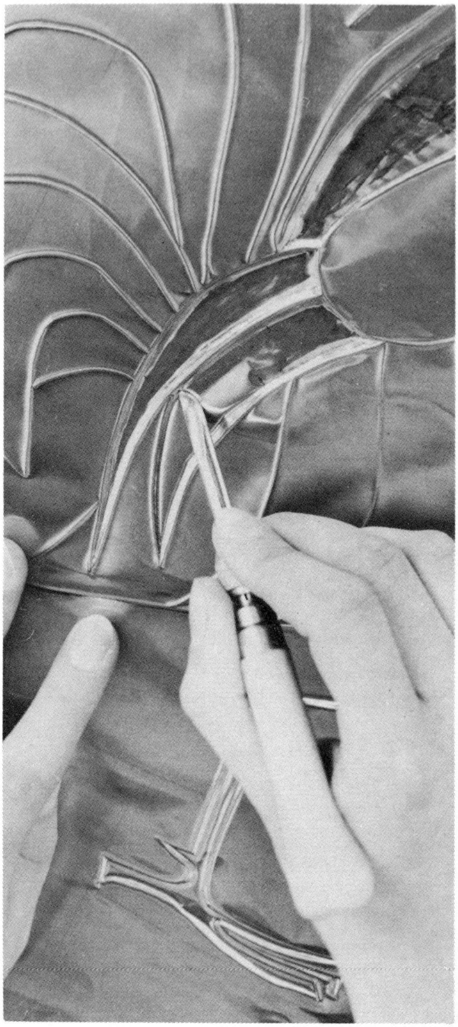

Auf der Rückseite werden nun dicht neben den Entwurfslinien die Felder umfahren, die auf der Vorderseite erhaben sein sollen, d.h. also alles, was zum Kopf, Körper und Gefieder des Hahns gehört. Bei diesem Arbeitsschritt kann die Unterlage hart sein.

Das Blech bleibt mit der Rückseite nach oben liegen. Mit einem breiten Werkzeug werden nun die Flächen auf weicher Unterlage gedrückt. Dabei hält man das Werkzeug flach. Sind alle Flächen gedrückt (hier alles innerhalb der Figur), wird das Blech umgedreht.

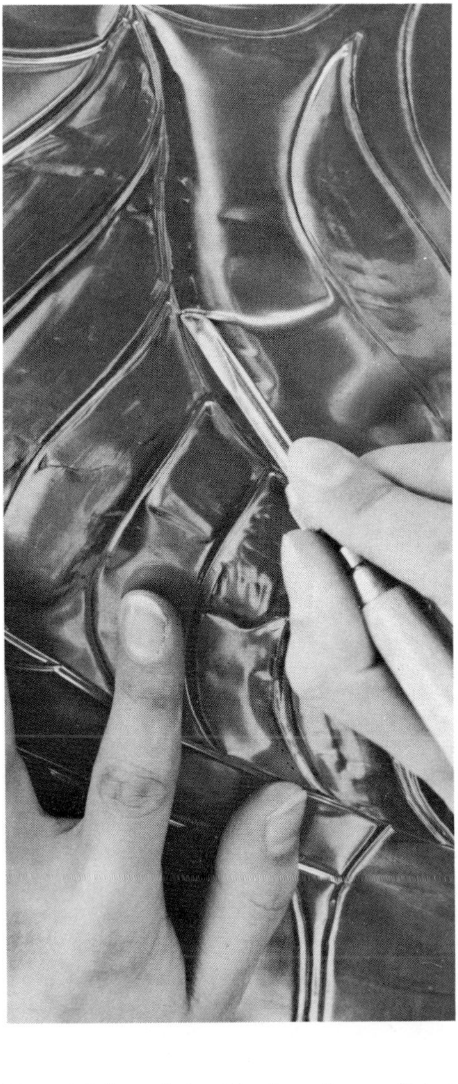

Man drückt auf der Vorderseite zunächst entlang der Umfassungslinie und drückt dann mit einem breiten Werkzeug den gesamten Hintergrund tief. Dazu braucht man etwas Fingerspitzengefühl, denn jede Übertreibung kann zum Bruch des Blechs führen.

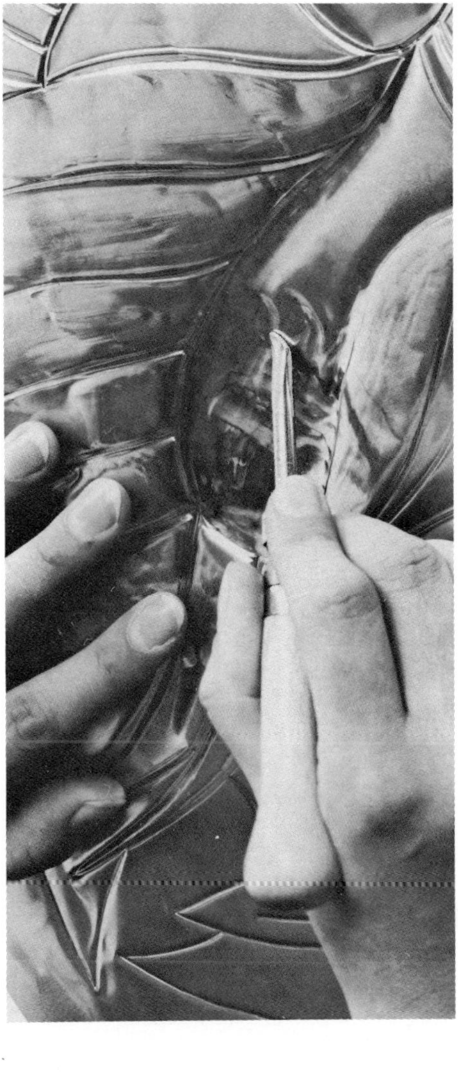

Es ist ratsam, zuerst nicht zu tief zu drücken: die tieferliegenden Stellen des Hintergrunds können dann zum Schluß noch einmal tiefer gedrückt werden. Die dabei entstehenden Spannungen (Falten!) glättet meist das Falzbein beim Aufkleben.

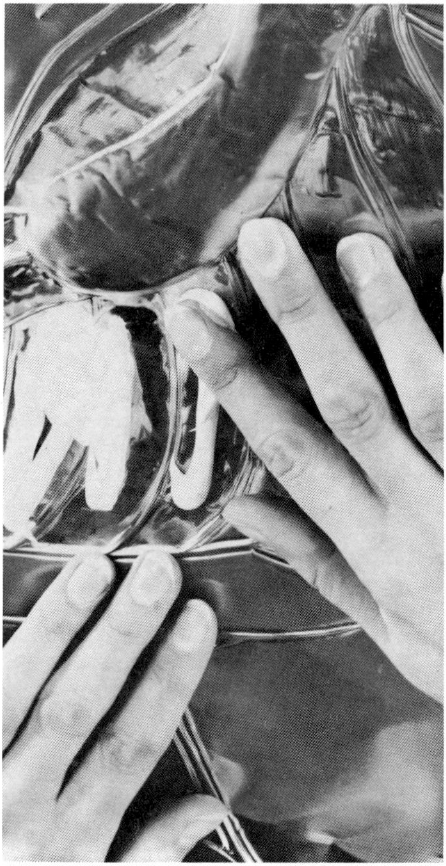

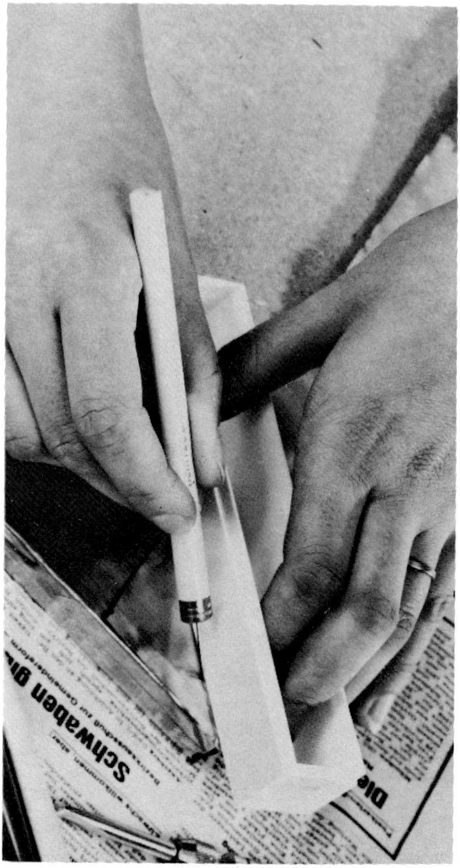

Ist das Motiv und der Hintergrund fertig, legt man das Blech mit der Rückseite nach oben. Die Vertiefungen werden mit Pattex bestrichen und mit Moltofil mit Ponal vermischt ausgefüllt. So hoch ausfüllen, daß beim Aufkleben auf die Unterlage Füllmasse (Glattstrich!) und Blech (Hintergrund) glatt aufliegen. Wenn nötig, die Füllmasse nach dem Trocknen glattschleifen.

Sobald die Füllmasse hart geworden ist, kann das Blech mit Pattex auf eine Span- oder Sperrholzplatte aufgeklebt werden.

Das Blech wird meist um die Platte umgeschlagen. Unser Bild zeigt das Versäubern der Ecken auf der Rückseite der Platte: Eckschrägung anzeichnen und überschüssiges Blech abschneiden. Ein kleiner Aufhänger kann angeklebt, genagelt oder angeschraubt sein, was gerade greifbar ist.

Wenn für die Rückseite noch ein Überzug aus Filz vorgesehen ist, sollte damit gewartet werden bis nach dem Patinieren.

Bei größeren Wandbildern ist das Bekleben der Rückseite unerläßlich, da sich das Bild sonst wölben könnte.

Wenn Sie ein echtes Kupferblech verwendet haben, wird nun mit Schwefelleber patiniert. Man gießt etwas in den Glasdeckel, tränkt darin den Schwamm (tropffrei ausdrücken), und trägt die Lösung in kreisenden Bewegungen auf. Das patinierte Bild wird anschließend unter fließendem kaltem Wasser abgespült, damit überschüssige Schwefelleber entfernt wird. Eine sehr gleichmäßige Färbung erreicht man, wenn man die aufgetragene Schwefelleber mit einem Bausch Stahlwolle verreibt und so eine gleichmäßige Oxydation erzielt.

Mit dem Abreiben der erhabenen Stellen (Stahlwolle, „Putzfix"-Spezialradierer) sollte erst begonnen werden, wenn die Schwefelleber angetrocknet ist. Mit einem Fön ist das Bild rasch trocken, doch zu große Hitze verfärbt das Blech bläulich, und zu langes Trocknen erschwert das Abreiben.

Vor dem Weiterverarbeiten muß der durch das Abreiben entstandene Staub gründlich entfernt werden (Staubpinsel, weicher Lappen, Papiertaschentuch).
Das gründlich entstaubte Bild wird zaponiert (frischer Wollappen, Papiertaschentuch). Achtung! Tiefe Stellen werden dabei gern vernachlässigt!

Fehler vermeiden – oder beheben

1. Blech zu klein zugeschnitten.

Es wird am Anfang gern übersehen, daß durch das Drücken das Blech schrumpft. Daran sollte man beim Zuschneiden denken. Ist das Blech durch die Bearbeitung für die vorgesehene Unterlage zu klein geworden, könnte man die Unterlage entsprechend kleiner sägen. Ein von vornherein viel zu klein geschnittenes Stück wird man für eine andere Arbeit verwenden.

2. Auf der falschen Seite patiniert.

Das Blech wird einfach umgedreht und auf der richtigen Seite patiniert. Der Klebstoff haftet auf der Rückseite jedoch besser, wenn die Patinierung mit Stahlwolle vorher abgerieben wird.

3. Zu hell gefärbt.

Das Kupfer wird nicht genügend dunkel, wenn die Schwefelleberlösung zu sehr verdünnt ist. Dann muß die Lösung konzentrierter angesetzt werden: wir lösen zusätzlich Schwefelleber in wenig Wasser auf: Diese konzentrierte Lösung wird dann in die verdünnte Lösung gegeben. Ein Test ist vor der weiteren Verwendung stets notwendig.

Nachdunkeln ist möglich. Auch bereits abgeriebene Stellen können nachgedunkelt werden, wenn man feststellt, daß der Hell-Dunkel-Kontrast ungenügend ist.
Sobald aber Zaponlack aufgetragen wurde, kann nicht mehr patiniert werden.

4. Zu dunkel patiniert

Die Schwefelleberlösung war zu konzentriert, und die Patinierung erfolgte zu rasch und zu intensiv. Wenn das Blech völlig entfettet war, springt auch eine konzentrierte Oxydschicht nicht ab. Das Kupferblech wird gründlich abgewaschen und die Lösung mit Wasser verdünnt. Man sollte es sich zur Regel machen, nie ohne vorherigen Test zu patinieren.

5. Zu früh abgerieben.

Reibt man zu früh ab, ist die Lösung noch feucht, auch fand die Oxydation noch nicht statt. Folge: die Lösung bleibt an der Stahlwolle hängen und das Kupfer ist blank wie zuvor. Die zu früh abgeriebenen Stellen müssen noch einmal nachgearbeitet werden.

6. Zu spät abgerieben.

Trocknete die Patinierung zu lang, kostet es viel Geduld und erhebliche Kraftanstrengung, die erhabenen Stellen blankzureiben. Zu starker Druck schadet dem Relief, wenn es nicht genügend hintergossen wurde.

7. Fettstellen patinieren nicht.

Fettige Finger hinterlassen bei der Bearbeitung Spuren. Diese Stellen nehmen beim Patinieren die Lösung nicht an. Hier hilft partielles Reinigen mit Spiritus oder mit Spülmittel. Danach haftet die Patina.

8. Nach dem Patinieren nicht genug abgewischt.

Beim Abreiben mit Stahlwolle entsteht eine Menge Staub, der in den Vertiefungen sitzen bleibt. Entfernt man ihn nicht gründlich (Staubpinsel), vermischt er sich mit dem Zaponlack und wird so über die ganze Bildfläche verteilt. Die Folge ist ein grauschwarzer Schleier, der nicht mehr zu entfernen ist. Nach dem Abreiben sollte solange abgewischt werden, bis der Lappen sauber bleibt.

9. Blech klebt nicht richtig auf der Unterlage.

Ursachen: Zu wenig Klebstoff; Trockenzeit vor dem Zusammenkleben war zu lang oder zu kurz; Klebstoff wurde vom Untergrund oder der Füllmasse aufgesogen.

Ein bereits angeklebtes Blech läßt sich schlecht wieder abziehen. Dabei können unschöne Knitterungen entstehen, oft reißt auch das Blech ein. Besser ist, das Blech am Rand etwas freizumachen und Klebstoff darunterzugeben.

10. Bildrand unsauber.

Auf die Rückseite des fertig geprägten Blechs legen wir die zum Aufkleben vorgesehene Unterlage und umfahren sie mit dem Runer. An dieser Linie wird später beim Aufkleben das Blech umgebogen.

11. Zu viel Füllmaterial.

Nur solches Füllmaterial verwenden, das sich auch noch in gehärtetem Zustand bearbeiten läßt. Man sollte jederzeit die Möglichkeit haben, Unebenheiten mit Sandpapier oder Stahlwolle abschleifen zu können.

12. Das Blech bricht.

Reines Kupfer ist weich und dehnbar. Aber es hat seine Grenzen. Drückt man zu sehr, kann das Blech brechen. Bruchstellen werden mit den Scherenringen zusammengeklopft. Jedes neue Blech, besonders aus einem noch fremden Metall, sollte man vor Beginn der Arbeit auf seine Dehnbarkeit prüfen.

ΗΡΑΚΛΗΣ

Vorlagen für's Metalldrücken

von Maria Neumann-Leiminger

TOPP 982

Bei vielen Techniken sind Motiv-Vorlagen nützlich, selten aber sind sie so nötig wie beim Metalldrücken. Die Autorin des Buches hat daher in der TOPP-Reihe drei Vorlagen-Titel herausgebracht, auf die der Leser je nach Geschmack und Ambition zurückgreifen sollte.

TOPP 982

Wer großformatige Motive aus dem klassischen Griechenland (z. B. Seiten 8 und 47) oder auch florale Motive (wie Seite 33) sucht, findet hier eine große Auswahl.

3 Großbogen 61 × 86 cm, sowie Kurzanleitung.

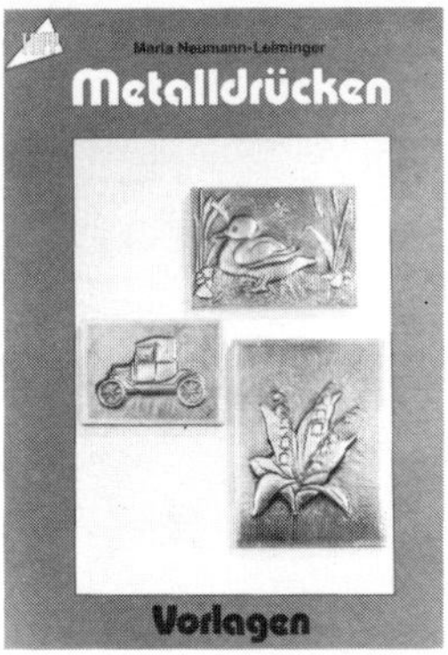

TOPP 983

TOPP 983

Die Motive entstammen größtenteils der Welt des Kindes, oft werden sie in zwei Größen gebracht. Es sind durchweg leichtere Arbeiten als bei TOPP 982.

32 Seiten DIN A4, mit Kurzanleitung.

TOPP 984

TOPP 984

Die kleineren Motive decken den Bedarf an den verschiedensten Glückwunschkarten, einschließlich Weihnachten und Ostern, vollständig ab.

31 Seiten DIN A5.